푸른 시와 시인

한적함 속에

박자원 시집

마을

빛나는 시정신을 꼼꼼하게 엮어내는 — 마음

- 시대문학(『문학시대』)으로 등단
- 한국문인협회, 한국시인협회, 국제PEN,
- 구로문인협회, 문학의집·서울 회원
- 예술인상(구로문인협회) 수상
- 시집:『꿈을 팝니다』『세상의 문을 향하여』『저녁 강이 그리울 때』『수수꽃다리 바람결에 휘이휘이』『별이 내리는 하늘은 너무 아름다워』
- 이메일: jawonpark@hanmail.net

한적함 속에

박자원 시집

1판 1쇄 인쇄/ 2025년 11월 25일
1판 1쇄 발행/ 2025년 11월 30일

지은이 / 박자원
펴낸이 / 우희정
펴낸곳 / 도서출판 마음

등록‖ 1993년 5월 15일 제3001-1993-151호
주소 03073 서울 종로구 성균관로5길 39-16
전화‖ (02) 765-5663, 010-4265-5663

값 14,000원

*잘못된 책은 바꿔 드립니다.

ISBN 978-89-8387-378-1   03810

박자원 시집

한적함 속에

●
시인의 말

바닷가 인근으로 거처를 옮겨
매일이 어린아이처럼 즐거워요, 지금까지는.
바다를 항상 볼 수 있거든요.
잔잔할 때, 무서운 폭풍이 휘몰아 칠 때
어느 폭풍이 많이 치던 날
갯바위에 어선이 부딪쳐 인명사고가 났다고 할 때는
가슴이 철렁 내려앉았어요.
바다에는 평화스럼만 있는 게 아니라
온갖 고통도 있지요.
사고가 나도 파도가 휩쓸고 가버리고 나면
다시 고요해지니까 모르지요.
바다 색깔도 시시각각 변하고 ㅡ.

우리의 삶도 마찬가지더라고요.
즐거움과 슬픔이 엇갈리는 삶이니까요.
새벽녘에 바닷물을 바라보고
모래걷기를 하다보면
희로애락이 다 보이는 듯합니다.

언제 어디서나 불쑥불쑥 생각이 나는,
항상 뵙고 싶습니다, 성춘복 선생님.

2025년 문주란꽃 하얗게 필 때

세운 **박자원**

・ 시인의 말

1.

한적함 속에 · 1 — · 12
한적함 속에 · 2 — · 13
한적함 속에 · 3 — · 14
한적함 속에 · 4 — · 16
한적함 속에 · 5 — · 18
한적함 속에 · 6 — · 20
한적함 속에 · 7 — · 22
한적함 속에 · 8 — · 24
한적함 속에 · 9 — · 26
한적함 속에 · 10 — · 28
한적함 속에 · 11 — · 29
한적함 속에 · 12 — · 30
한적함 속에 · 13 — · 32
한적함 속에 · 14 — · 33

2.

한적함 속에 · 15 — · 36
한적함 속에 · 16 — · 37
한적함 속에 · 17 — · 38
한적함 속에 · 18 — · 39
한적함 속에 · 19 — · 40
한적함 속에 · 20 — · 42
한적함 속에 · 21 — · 44
한적함 속에 · 22 — · 46
한적함 속에 · 23 — · 48
한적함 속에 · 24 — · 49
한적함 속에 · 25 — · 50
한적함 속에 · 26 — · 52
한적함 속에 · 27 — · 54

3.

비 오는 날 — · 56
미로공원에서 — · 58
비가 와 — · 60
하도바다 가는 길 — · 62

온온한 세상이 ─·64
스치는 바람처럼 ─·66
종달리 가는 고갯마루에서 ─·68
나무가 되어 ─·70
홀로 있는 시간 ─·71
봄나들이 ─·72
꽃 타령, 행복 타령 ─·73
해넘이 ─·74
화사(華奢) ─·76
연등 달기 ─·78

4.

멀고 먼 여행 길 ─·82
뚜벅뚜벅 숲 나들이 ─·84
별들의 축제처럼 ─·86
오월 속에 ─·87
새벽 바닷가 ─·88
수국꽃 피는 6월에 ─·89
물기 어린 나무 ─·90

시간의 무게 ― · 91
저녁 빛이 물들기 시작하는 ― · 92
일다경(一茶頃) ― · 93
너를 위해 비워 둔 자리 ― · 94
세화장 ― · 95
헤이리마을 가다가 ― · 96
귤나무에 새 생명들이 ― · 98

5.

가을 소묘 ― · 102
막내에게 ― · 104
담박명지(談拍明支) ― · 106
내면 ― · 108
마음의 눈이 가는 길 ― · 110
너의 눈빛 깊은 곳 ― · 111
풍경 ― · 112
33°, 36° ― · 114
여름이 익어가는 ― · 116
하도리 밭담에서 ― · 117

해안도로 위에서 —·118
꽃밭 이야기 —·119
토란에도 꽃이 —·120
별들에게 —·122
뭉크의 현실과 꿈이 교차하는
　　　　몰입형 미디어 아트를 —·123

6.

빛 세션·1 —·126
빛 세션·2 —·128
빛 세션·3 —·130
빛 세션·4 —·132
빛 세션·5 —·134
빛 세션·6 —·136
빛 세션·7 —·138
빛 세션·8 —·140
빛 세션·9 —·141
빛 세션·10 —·142

1.

한적한 이 시간 너울이 말을 건넨다
향기 짙은 산국의 마음으로
깊어가는 가을과 친구하자고

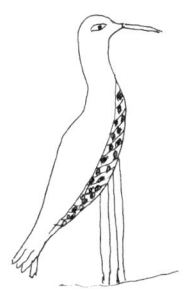

한적함 속에 · 1

하늘은 맑음 바다도 맑음
철새들 끝 간 데 없이 하늘로 날아가고
반짝반짝 빛나는 물
무심한 듯 파도소리 쏴아~ 쏴아

연보랏빛 쑥부쟁이 노랑의 산국
갈대가 손짓하고 풀들도 소곤소곤
아무도 없는
넓고 넓은 바닷가 모래밭

용암이 흐르다 물가에서 돌이 된 검은 돌들
한적한 이 시간 너울이 말을 건넨다
향기 짙은 산국의 마음으로
깊어가는 가을과 친구하자고….

한적함 속에 · 2

까므끄름한 구름에 우울한 하늘
바다는 바람 부는 대로 파도가 일고
어제의 바다와 오늘의 바다는
영 다른 모습으로 나를 반겨

바람 때문에 머플러로 목을 감싸고
걷기 시작이다
서걱서걱 모래 위
쓰레기 치우는 아저씨

따듯한 차 한 잔 드리려다
아차 보온병이 아니고
그냥 병에 담아 와 차가워진 생강차
드렸으면 큰 실수할 뻔했구나

심하게 바람 불고 하늘은 흐려
걸으면서 가슴 깊숙이 들숨 날숨
바람과 함께 텅 빈 허공을 우러르는
맑은 마음만 있을 뿐.

한적함 속에 · 3

아이의 새 작업실을 보러 가는 중
일출봉이 눈앞에
매일 새로운 만남을 가질 수 있고

이 방은 그림 작업실 저쪽은 수업하는 방
여기는 바느질 방 등 정리하려면
꽤 시간이 걸리겠네

희망과 열정으로
새로운 보금자리에서 마음의 평화와
가치있는 사람이 되길 바라며

일출봉 앞 카페에서 바다를 보고
늦가을과 함께 차를 마시며
앞으로의 이야기를 주저리 주저리~~~.

한적함 속에 · 4
― 하도 바다

구름 속으로 해가 들어갔다가
나오고 또 들어가고
강풍이 불어 차도 흔들흔들

조용하던 물이 화가 난 듯
한 번 두 번 뒤집어지면서
무서운 소리를 내고

그래도 꿋꿋이 나무들과 꽃들은
이리저리 휘어졌다 바로서기를
수없이 환경에 적응 중

파도와 갯바위 사이 바람의 힘겨룸
하얀 파도가 넘실넘실
큰 기러기 떼 지어 날아가네

이렇게 다 뒤집어지고 난 후
다시 정신 차리고 제자리로
눈부신 햇빛이 물 위를 반짝이고 있네.

한적함 속에 · 5
- 눈 덮인 천백고지

뿌연 앞 길
우박이 함박눈으로 펑펑
눈으로 덮여 있는 길, 숲
눈 틈새로 들어가네

하늘은 거먹구름
1100도로 가는 길
단풍도 보고 비도 우박도 끝없이 내려
꽃잎처럼 흩날리네

어둠 속에 들어갔다 밝음으로 나오고
보이지 않는 널 찾으려
그저 마음 가는 대로 치유의 순간들
가치 있는 시간 속으로 가 볼까.

한적함 속에 · 6
- 리틀 슬로우

다 앉아도 열 명 정도
이름같이 작고 천천히다
옛 음반들
눈에 익은 이문세 가수의 오래된 음반도
아버지꺼 갖다 놓았다는 클래식 음반들

한 쪽에 꽂혀있는 여러 종류의 책들
그 구석으로는 색연필이 있고
다른 자리에도
색연필과 메모지를 준비해 두면
좋겠다는 생각을 해 보네

생소한 느낌의
한 쪽 벽을 차지한 벽화
연민과 우수가 세상의 물결을 타고 흐르는
또 한편으로는 행복감이
버무려져 있는 마음을 담은 듯한

머리가 복잡할 때
좋은 음악과 맛있는 차를
분위기가 있는 쉼터에 다시
가보고 싶은 생각 또 생각을
언젠간.

한적함 속에 · 7
- 달과 토성이

어스름 달빛이 비추는 때
망원경 없이도 볼 수 있다기에
바람이 불어와도
길에 서서 하늘을 바라보고 서 있다

달은 떴는데 무심한 토성은 안 보이고
구름이 잔뜩 끼어서 그런가
오늘 못 보면 오십년 후에나 보인다는데
저녁 5시 49분부터 자정까지 보인다고 해서
시간마다 하늘을 뚫어져라 쳐다봐도
달 옆으로 토성은 안보여

특별한 경험을 하려고하다
불어오는 바람 때문에 감기가 더 심해졌어
언제 이렇게 하늘을 뚫어지게 볼 일이 있었나
달과 토성 목성이 가까이에 함께하는

환상적인
비록 보이는 것은 별들이지만

시간은 흘러가고
구름이 시기를 했는지 영 안 비켜주네
별들과 행성들이 주는 경이로움을
느끼고 싶었는데.

한적함 속에 · 8
- 한 해를 보내면서

갈매기 한 마리 날아와 묻는다

너 뭐 하니?

나랑 하늘을 날아오를까
그것도 좋은 생각이야
맑은 하늘 푸른 바다
그 사이를 날아다니다
더 더 높이 그냥 사라져 버리는 거 좋지

바람 따라 구름 따라 날갯짓하며
날아다니는 우리가 좋은 걸까
아니면 묵묵히 자리를 지키며
좋은 일 서러운 일 다 보며
굳세게 자리 지키는 바위들이 좋을까

해가 환하게 웃으며 지나고
바람이 어깨를 토닥이며 안녕 안녕
바닷물은 더 깊은 마음을 가지라하고
철석거리며 가 버린다.

한적함 속에 · 9

바다, 하늘 연회색 빛이 똑같은 날
흐린 날이니까
먹구름 느낌
일출봉 우도 지미봉은 짙은 회색

갯바위에 부딪치는 물소리만 들리고
아주아주 조용하고 흐릿하게
풀 속에 숨어 계속 혼자서
말을 하고 있는 작은 새

낚시 하는 이들 서너 명
대여섯 명은 구경꾼
서벅거리며 일이천 보쯤 걷고
매일 그렇듯 하늘 보고 바다 보네

아무도 없는
우주 안에서 아니 밖에서

먼지같은 존재로 서 있는 듯
덩그라니
혼자.

한적함 속에 · 10

무청시래기처럼 기운 없고 힘 빠지는 날
비는 내리는데 해는 활짝 빛을 내고
파도는 돌들과 무섭도록
토론의 시간인가 보다
결과는 돌이 이겼나
파도가 조용해진 걸 보니
회색 하늘에서 세차게 뿌려지는
바람 속에 서서
무얼 기다리는 걸까
토끼섬의 고니 한 마리는.

한적함 속에 · 11

구름과 구름 사이로 미끄러져
멀리로 하얀 띠를 두른
구름을 부르는 듯한

바다 아래로 물 건너
물 가까이로 띄엄띄엄
마을 옆으로

작별이 아니라 기억으로
소리 없이 잘도 가네
내가 탄 비행기가.

한적함 속에 · 12
- 토란잎의 속삭임

토란잎들은 비가 오나 눈이 오나
제 멋대로 흔들흔들
바람 따라 잎이 찢겨도 마음 편안한 것 같이
흔들거리며 벌레들의 놀이터도 은신처도 되며

지나가는 바람과도 대화하며
하늘 높이 흐르는 구름들과도 아는 척
사시사철 혼자 신나하고 있네
토란잎 속에 맴돌고 있는 빗방울
그 옆으로 고양이 한 마리 무심한 척 지나고

바람 불면 낙엽들이 우수수
밟고 지나는 늦가을 아니 겨울풍경
찬 겨울날에 생강차 마시는 기분
매콤 씁쌀한 그 맛

지난 밤 겨울바람이 너무 불어
잎이 갈기갈기 찢겼지만
그래도 행복했다는 걸 알아달라고
하는 것처럼 희뜳은 아저씨같이 허 허 허

나 같이(토란) 매일 하는 쉼이
바로 수행이고 자비의 시작점이라
어렵거나 멀리 있는 게 아니라는 것을
얘기하고 있는 듯하네.

한적함 속에 · 13

하얗게 쌓인 눈
제주 마 방목지

관음사 천왕사 지나
눈 곁으로 들어간다

산등성이 억새들이 밭을 이뤄
어깨춤 추듯 으쓱으쓱 거리네

스님 한 분 눈 쌓인 언덕 길
한 발 두 발 발자국 조심스러워

하얀 눈에 두 눈 꼭 감겨
아, 눈 부셔.

한적함 속에 · 14

깜깜한 밤하늘
하나도 안 보이는 듯해도
별들의 잔치 열려
주옥같은 음률이 들리는 듯

서정적이고 낭만적인 선율과
화려하고 역동적인 기교
우주 별들과 함께하는 연주
파도소리도 은은하게

그럼에도 불구하고
우리의 삶은 마찬가지
밀치고 매달리는 일에
귀가 먹먹하지

도취나 혼탁이 아닌
투명한 기쁨이라면
어둠 후에는
서서히 불빛도 보이겠지.

2.

무심한 세월은 가고 가고 또 가고
두려움도 헛헛하고 공허한 생각뿐
가끔 바람이 불어 올 때

한적함 속에 · 15

꽃샘추위 기승
초속 31m 강풍 경고
풍랑 특보도 발효 중
너울은 4m도 더 돼 보이네

오가는 관광객들 거의 없고
하늘과 바다가 맞닿아 있는 듯
바다는 폭풍우로 하얀(휘핑)크림 얹어 놓고
하늘은 차가운 회색빛이네

그러나 그 옆으로
갈대가 가득 뒤덮여 있는
생태습지 철새도래지에
담수 맑은 물이 반짝반짝
흰뺨검둥오리들 옹기종기 귀여워

여기는 신 천 지.

한적함 속에 · 16
- 하도 바다 모래걷기

폭풍우가 몰아치던 때
하도바다에 큰 일이
모래사장으로 검은 돌들과
미역 파래가 널브러져 있어

지형이 바뀌었네
파도는 자조적이 되고
바람이 몰고 온 비릿한 냄새하며

봄이 되어 날이 따듯해지면
두런두런 얘기하며 모래걷기 하라고
제 모습 찾아오겠지

바다의 신음소린가 울음소린가
괴로운 듯 소리만 내지르는데
갈매기 날갯짓 소리 남기며
서둘러 날아간다.

한적함 속에 · 17

유채꽃 만발한 밭들과 돌담길 지나 집으로
골목 입구에 유채꽃 한 그루 서 있네
나도 여기 있다는 듯

호기심 발동 해
멀리 날아와 쉬고 있던 곳에 뿌리를 내렸구나
풀씨가 날아 들어오기까지 오래 걸렸네

약모밀 민둥이 제비꽃 봄맞이꽃 광대나물들
옆으로 데려다 줄게
따스한 바람 불어 와 향기로 꽃 피어
우리 정원 한 구석을 노랑으로 채워주렴.

한적함 속에 · 18

'들깨 물에 시래기 버럭버럭 씻어 넣어 국 끓여'
'시래기 땜에 물색이 퍼름 해'
날이 밝으면 생전 처음 여행을
떠나는 할머니들

86살의 할머니는 평생 일기를 쓰고 계시는데
'옛날 일기장은 다 버렸어, 80살에
너무 고생한 것만 써 놔서
자식들 볼까봐'

'널어 놨어, 빨리 마르라고
여행 다녀오는 동안 썩을까 봐'
토란대를 방 가운데 잠자리에다
널어놨으니 잠은 어디서 자나

순간순간이 살아가는 법인가 보다
진실된 마음과 생각으로
행복해 할 줄 아는 소박함이
가득한 할머니들.

한적함 속에 · 19

사람도 많고 햇빛은 내리쬐지만
시원한 바람도 불어
나뭇가지를 흔들어 놓기도 하는
헤이리에 갔었네

아직도 조팝꽃과 왕벚꽃들이
만개 해 있어 눈호강도 하고
카페에 들어가 차를 시키고 한 바퀴 돌아보니
책방같이 한 쪽에 책 준비 해 놓고
판다고 메모를 해놨네

스케치북 꺼내 덜 칠했던 부분
색칠 끝내고 책을 읽었어
노랑 빨강 주홍색으로
나오는 길가에 튤립 몇 송이 피었네

식당에 들어가 음식을 시켰는데
봄나물이 상큼하면서 약간 썼지만
봄향기라 생각했고
된장 한 통도 사재기 했네.

한적함 속에 · 20

자락자락 내리고 있다, 봄비가
플라타너스 잎들이 말끔해져
다정히 서서 비를 맞이하고

병원 근처의 가로수인 이팝나무
하얀 꽃들이 수북이 피어 있고
바람이 부니 풀잎들의 소리도 들리는 듯

병원을 자주 다니는 품새하며
흰머리도 더 많이 보이고
서서히 깊어가는 가을이 느껴져
허무 허망 그렇지

무심한 세월은
가고 가고 또 가고
두려움도 헛헛하고 공허한 생각뿐
가끔 바람이 불어올 때.

2024.1/7. w.s.

한적함 속에 · 21
- 부처님 오신 날에

세상의 평화를, 마음의 자비를
2025년 화합 전한 부처님 오신 날
날이 흐려 하늘을 보니 구름모양이
처음 보는 거라 신기하기도 했는데
구름 이름이 '거친물결구름'이라고 하네

하루 종일 비가 오다말다 하고
절에 들어가려하니 인파가 많아
대웅전도 미륵불 모신 곳도
아기부처님 목욕도 못해드린 채
절 입구에서 고개만 숙이고 돌아오는 길

돌아 내려오며 맑은 공기와
파릇한 내음
아까시꽃 산딸나무꽃들을 보면서
서운한 감정을 추스르고

올이 헝클어지지 않는
부처님의 자비가
온 세상을 비추길 바라는
마음으로 비맞이를 했네.

한적함 속에 · 22

비가 쏟아진다
하염없이
비가 와도 가야할 곳은
가야 하는데

그 어디쯤
바람이 분다
나무들이 흔들려 잎들을 떨군다

한 나절
하루
일주일
한 달

날들은 어김없이 잘 흘러간다
구름이 흐르듯

하늘은 흐렸다 맑았다
비가 내렸다 그쳤다

굴나무에 굴이 싱싱하게 익어가고
노란색 국화는 더 밝게 피어나고
향그러운 내음이 퍼진다
아름다운 음악도 퍼져 나간다.

한적함 속에 · 23

어느새 밝아 온
눈부신 하늘
행복과 사랑을 주고

너와 나는
빛으로 부터 와
빛이 나기 시작하는 별

노래하듯 리듬을 타듯
행운과 축복
가득한 날들이 되었으면.

한적함 속에 · 24

낮과 밤이 열대아인 요즈음
구름 한 점 없이 깨끗해

바다에는 아이들과 부모님들이
신이 나서 물 속으로 첨벙첨벙

물 위로는 투명 카악과 바나나 보트
스노쿨링하는 이들도 보이고

그 옆 바다에서는 해녀들 물질수업도 구경하고
아이들 웃음소리 멀리까지 들리네

텐트도 치고 차박도 하고
이 계절 바닷가 풍경이구나

우리 손자 낮에는 텐트대신 차에서 쉬다가
덥다고 박을 못하고 집으로.

한적함 속에 · 25

한라산 둘레길 찾아가다
오백길에서 쉬면서 카페에 들르고
길 잘못 들어 천백고지까지 가버렸어
되돌아와서 빼어났다고 소문난 단풍을 보러
천아 숲길 찾아갔지

올라가는 숲길들
단풍으로 물들어가고
물 없는 계곡에 돌들로 채워져 있네
그곳을 성큼성큼 건너다니며
촬영에 바쁜 은이

말 목장에서 방목하는 흰 말들도 보고
어떤 말은 사람들이 부르니까
가까이 와 애교도 부리고
어른 아이 할 것 없이
모두들 까르르

억새들 바람에 흔들리는 모양
차 안 가득 재즈도 흘러
눈으로 귀로
가을을 흠뻑 느꼈어.

한적함 속에 · 26
- 그 길에 남았나

길고양이 까망이, 노랑이
제 집인 양 자리 잡고 있네
새들 모이통(특별 제작한) 속에 들어 가
쉬고 자고 하는 노랑이

현관 앞 편안하게 온몸 쭉 뻗고 누워 있거나
외출했다 오면 옆 집 담 넘어 빠르게 와 반겨주고
아침 현관문 열면 바로 앞에 고개 바짝 내밀어
야―옹하면 간식 챙겨 줘

낮에는 안 보이고 해 넘어가면 또다시 등장
저녁 먹을 때 생선은 까망이가 잘 먹고
고기는 둘 다 잘 먹는데
노랑이가 까망이 눈치 보며 구석으로 가네

누가 가르쳐 주기라도 했을까
눈치 빠른 고양이
인간들 세상과 다를 바 없는
끝없이 변화하여 흐르는 지금

그 길에서.

한적함 속에 · 27
- 천백고지 람사르 습지에서

초여름 천백고지 녹음이 절정이네
람사르 습지 열심히 보면서 돌아

습지 곳곳에 노루도 있고 흰뺨검둥오리도
멸종위기 야생동물 1급인 두점박이 사슴벌레
법정 보호종 조류인 매 벌매 두견이
제주지역 고유아종 뒤쥐 서식도 확인돼

각종 습지식물 낙엽 활엽수림 지역과
초지 관목림으로 조성된 지역으로 구분되어 있어
산딸나무 찔레나무 때죽나무들

윗새오름 쪽에는 산철쭉이 한창
꽃향기가 이 쪽까지 나는 것 같은 착각
자연의 정취도 걷다가 쉬다가 다 돌았네.

3.

새들도 봄을 만끽하게 하는
꽃바람결에 활짝 피어 영겁처럼
시간을 잊은 듯

비 오는 날

작달비 자드락자드락
하염없이 비가 와도
가야 할 곳 가야한다는데
그 어디쯤

날들은 어김없고
하늘은 맑았다 흐렸다
구름이 흐르듯
잘 흘러가네

비도 내렸다 그쳤다
귤나무에 귤이 싱싱하게
익어가고 노란색 국화
더 밝게 피었네

로즈마리 무화과
향그러운 내음이 가득하고
테라스에선 아름다운 음률이
동네 어귀까지 퍼져 나갈 듯하네.

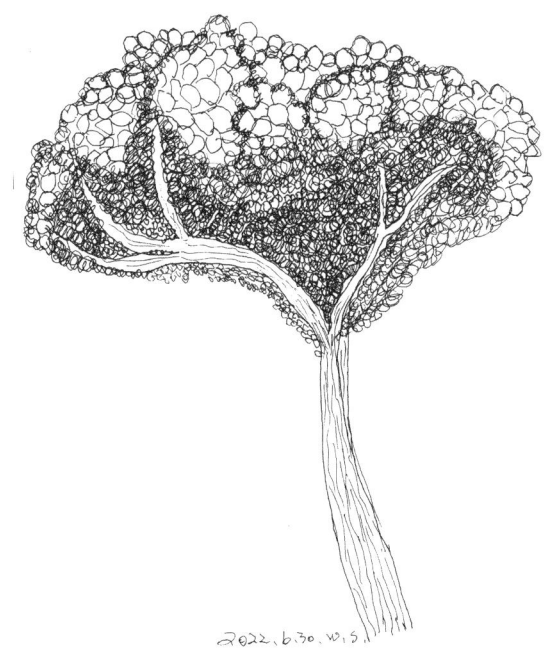

2022. 6. 30. w. s.

미로공원에서

쉼 없이 걸어왔지만 출구를
못 찾고 허덕거리며 가는
우리의 삶

옆을 보면 나무들이 울창하고
계단을 찾아 올라갔다 내려와야
미로의 끝인데
몇 번을 옆길에서 봤지만
찾아갈 수가 없어
헤매고 헤매이고
왔던 길 또 와
되돌아가길 몇 번
오는 길 가는 길
되돌아갈 수도
앞으로 나아갈 수도 막막하기만
나무들 스치는 바람도 그대로인데

무한대로 일어나는 무지함, 욕심은 무엇으로
다 메꿀 것인지

버리고 버리고 버려라
망상의 늪에서 헤어나와 출구를 찾아야
비로소 미로를 빠져
나올 수 있겠구나.

비가 와

철 철 철
비가 비처럼 내려요
밤이 새도록 아니 하루 종일
끝없이 연주를 하네요

성난 파도가 있을 바다
시간이 멈추듯
모든 게 그대로
오고 가지도 못하겠지요

잠깐잠깐 바람이 잦아들면
참새며 까치 식구들도 날아들어요
노래를 부르고 있는 저 새들
고난도 즐거움으로 바꾸고 있어요

햇살 고운 아침을 그리며
스쳐 지나가 버린 생각에 잠겨 있을 때
흐르는 것만이
잡념을 없애 주려나 봐요.

하도바다 가는 길

하도바다 가는 길에
노란 물감을 뿌려놓은
유채꽃 물결

돌담 아래에도
무리 지어 기웃거리고
밭담과 밭담 사이로
흔들흔들 거려

지친 몸과 마음을 비우게 하는
유채꽃밭 노랑과 보랏빛 그 너머로
끝없이 에메랄드빛 바다까지

새들도 봄을 만끽하게 하는
꽃바람 결에 활짝 피어
영겁처럼
시간을 잊은 듯

마음속에
유채꽃 한 아름
품게 될지도 모르겠네.

온온한 세상이

흐린 하늘을 올려다보니
하늘 전체가 몇 층으로
구름이 쌓여있는 듯하네

그 넓은 비옥한 땅 위로
논과 밭은 어디로
공장건물이 줄을 이었네

밝은 햇살 속
지저귀는 새들은 즐거움도
다 빼앗겨 어디에서 쉴는지 애달프다

삭막한 세상의 산철쭉들
꽃잎 떨구고 빛 바란 채
제자리에서만 한숨 쉬고

영영 못 돌아오는 거네
그 아름답고 온온한 세상이
어디로 갔나
마음은 저만치 갔네.

스치는 바람처럼

4월쯤 됐을까
과수원 꽃길로 들어섰을 때가
사과 복숭아 살구 배꽃들 화사했었는데
지금은 열매를 맺으려 하고 있네

한참을 달려간 길에
400년이나 된 그 동네 보호수도 보고
꼬부랑길을 잘 다녀 찾아낸
작은 쉼터

들어가니 저음의 바이올린소리가
가득 퍼지고 벽 쪽엔 옛날 음반들
가지런히 꽂혀있는 그곳
나 혼자만 있는 듯하네

어슴푸레 생각나는
인사동 작은 골목 끄트머리 찻집
귀천에서 마셨던 한 사발의 대추차
그 맛 그대로 여기서 차를 마시네

스치는 바람처럼
마음이 편안해져
작은 드로잉북을 꺼내
앞에 보이는 나무들 스케치 했네.

종달리 가는 고갯마루에서
- 고망난 돌 쉼터

바다 높이로 물새들 날아오르면
홍해가 갈라지듯 물 위로 저벅저벅
끝맺음 없는 연극 같은 생각도 하며
남실남실 젖어오는 물에 발이라도 적셔볼까

하늘 높이 흐르는 하얀 구름
연둣빛의 소나무들 찔레꽃과 풀꽃
망초꽃 핀 옆으로 나비들의 날갯짓
소연한 목소리의 새들까지

올레길 걷는 관광객 두어 명
건너편 지미봉 가는 길 헷갈려
반대길로 가고 있네
이런 것도 인생길인가 보다

수평선 너머에
붉은 양초가 타 내려가는 듯한 노을빛
가없는 하늘 위로
연극은 끝났다고 알리네.

나무가 되어

세상에 남을 것이라고는
없을 듯 버려져 버렸던
숨을 쉬기도 힘든 시간

너의 말투 손짓 표정들
슬픔과 쓴맛에 허덕일 때도
희망과 웃음으로 달래 준

의자에 앉아 다리 세우고
발 위로 정갈한 흙 뿌려
나무 심기를 해

햇살 아래 광대나물꽃들처럼
흙 찜질 두어 번에 뿌리가 내려
끝없는 정성에 전율이 흐르네
숨이 쉬어지는 시간

제대로 나무가 되던 날.

홀로 있는 시간

홀로 있는 시간은
평온한 바다가 된다
짧은 시간을 영원인 듯
내 속의 나를
조용히 들여다볼 수 있는
강풍에 파도가 몸질차는 때
갈매기들이 그런 파도 위를 날아갈 때
갈대들과 풀들이 갈피를 못 잡고 흔들릴 때
그 속에서의 난 마음도 덩달아 날아올라
매일 바다를 보러 간다
당근도 무도 다 거둬들이고
파찌만 남은 빈 밭
노란 산동채 꽃이 활짝 핀 밭들을 지나
스쳐 지나듯 밭담들과도 인사를 하고
골목마다 문주란로답게 문주란과도 아는 척
머리가 뻗어 올라가듯
내 맘을 길들이는 시간.

봄나들이

복숭아나무에 꽃이 환하게 피었다
그 꽃들이 다 열매가 되지는 못해도
얼마나 예쁜가
살랑이는 바람에 꽃들이 하늘거리며
밝은 빛으로 거품처럼 날아다니기도

푸른 하늘과 흐르는 구름 아래서
꽃보다 더 아름답게
가로수들도 연두에서 연녹색으로 물들고
우린 여유부리며 찻집에 들러
대추차와 모과차를 시킨다

오늘의 손님은 오롯이 우리 둘 밖에
사람들도 드물어 환한 봄빛 받으며
즐거운 봄나들이네
우렁쌈밥 맛있게 먹고
두릅도 한 움큼 사서 돌아오는 길.

꽃 타령, 행복 타령

산 언저리마다 분홍빛의 벚꽃 살구꽃들이
진달래 철쭉도 붉은빛을 자랑하며
고만고만하게 키재기 하고

개나리 백목련 자목련
길 양쪽으로 흐드러지게 핀 꽃잎들
길 위로 화려하게 꽃비로 날아 다녀
조팝꽃 위를 지나서 바람은 가고

갈매기들 끼륵끼륵
그중 한 마리 날아가면서
빛을 받았는지
순간적으로 반짝 빛이 나

행복이 손짓하는 바다로
어선을 타고
마음의 물결을 그리며
행복 마중 가자고.

해넘이

단감 빛 하늘

해넘이가 너무 예뻐

어, 바닷속으로 들어가네

눈물이 피잉 돈다.

- 비행기 안에서 본 하늘 -

화사(華奢)

저 넓은 하늘
깊은 바다의 속삭임
살랑이는 바람과 푸르른 잎새 위로
보랏빛 무스카리 샛노란 물결의 유채

바닷가 옆으로 갈매기 한 마리
나보다 큰 새 있으면 날아와 보라는 듯
공중곡예 하며 날고 있네

손주녀석 놀라
'와, 갈매기가 엄청 크다'라며
날아가는 쪽으로 손짓을

바닷바람으로 크는 문주란아
하얀 꽃을 언제나 보여줄래
온 세상 무지갯빛으로 황홀경이네

스쳐가는 인연일지라도
설렘으로 마음이 풍족한
이 계절, 이 순간들.

연등 달기

초파일 연등을 달았다
가족 등 영가 등을 달면서
한 해 한 해 가는 세월을 생각해 보았네

5개의 영가 등 중 4개 등은 양쪽 부모님 위한 등
나머지 1개 등은 살만한 나이가 됐을 때
그만 살겠다는 듯 훌쩍 떠나버린 내 동생
그 멀리 가 버린 아이를 위한 등

영가 등 신청할 때마다 우울해도
다른 세상에서 잘 계시리라는
마음으로 기도 올려

내세가 있는지는 잘 모르겠지만
그래도 편안하기만을
주문처럼 읊조리네

티끌 같은 세상 다 떠나고 나면
나 혼자 허공에서 훨훨 빙글빙글
온 우주가 내 것이니까.

4.

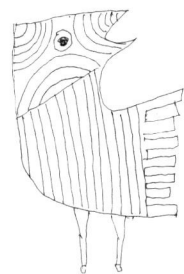

수다쟁이 새들이네
잠시 풀밭에 자유롭게 앉아
차 대신 물 한 모금 마셔가며
짹짹짹 이야기 꽃 피우네

멀고 먼 여행 길

어둠 속에 새로운 꿈이
여기저기 밝은 빛과 환한 빛으로
영혼이 현실을 무너뜨리지 않게

뭔가를 생각하는 듯하다
빈 허공에
시선을 돌려

눈을 크게 뜨고 쳐다본다
차츰 어둠 속으로 가고 있는 건지
다시 눈을 돌리자 감아버리네

편안 마음은 아니지만
그래도 상태를 얼굴을 보고 와
그러면 족하지

멀고 긴 여행에서 돌아오길
내가 보내는 보이지 않는
신호를 잘 읽었는지….

  시간은 모든 것을 태어나게 하지만
  언젠간 풀러버릴 태엽이지
  시간은 모든 것을 사라지게 하지만
  찬란한 한 순간의 별빛이지.
                       - 김창완의 「시간」 중에서.

뚜벅뚜벅 숲 나들이

삼나무 숲과 편백나무 숲이 길게
형성된 숲 터널과 서 중천 계곡 입구에서
원시의 숲을 보는 듯
물도 돌도 많은 곳
소롱콧 길과 머체왓 숲(돌들로 이루어진 밭이라는 제주어)

머체왓 숲을 조금 걷다가 소롱콧 길을 건너
넓은 풀밭(쉼터)에 다들 다리 뻗고 누웠어
조금 숨을 돌린 뒤 이모들과 준하가
합기도에서 배운 동작을 의젓하게
구령에 맞춰 해보이는 데 하나도 안 틀려

언제 저렇게 자라서
이모들과 열심히 잘 해 내고 있는 건지
숲길도 잘 헤치고 갔던 것처럼
따듯한 마음과 부드러운 긍지와 자부심을
책임질 줄 아는 어른으로 자라기를

이게 다
자식들 키울 때보다
더 귀하고 소중해서인가 보다.

별들의 축제처럼

어스름 저녁 무렵
지는 해를 바라보는데

바다 위를 별들이 쏜살같이 달린다
반짝반짝 거리며

와 신기하고 아름다워
하늘 위에서 내려다 본 바다 풍경

어둠이 내리기 시작할 때
짙푸른 빛의 바다 위로

하얀 불빛의 한치잡이 배들
별들이 단체로 이동하는 듯

별들의 축제 같은 밤.

오월 속에

여기가 숲 속인가
새들의 지저귐소리가 하나 가득
바람도 산들거리고
햇볕도 적당히

수다쟁이 새들이네
잠시 풀밭에 자유롭게 앉아
차 대신 물 한 모금 마셔가며
짹짹짹 이야기꽃 피우네

갑자기 조용해 어디로 갔나
더 좋은 카페 찾아서 자리를 옮겼나 봐
바람이 심심한지 오월 속으로
연녹색이 번져가는 나뭇잎 흔들어주네.

새벽 바닷가

하늘은 맑은 청자색
따라서 바닷빛도 청자색
모래사장은 아직도 비비꼬인 미역이며 파래
다시마 부스러기 작은 조개껍질로 한가득

바다는 에메랄드빛으로 차츰 변해가고
아기새들의 공간인 듯
물가와 모래사장에서 놀고 있는데
쓰레기에 파묻힌 모래는 어떡하라고

풀숲에는 수줍은 듯 꽃들이 피었어
수국꽃을 시작으로
메꽃과 가락지나물꽃 꿀풀과 애기똥풀
노랑선씀바귀꽃들도 피고

가지마다 푸릇푸릇 해지는 이파리들
기운차게 물길 가르며
나아가는 통통배 한 척.

수국꽃 피는 6월에

비 오는 날 빗방울 리듬과
함께 수국꽃 보러 혼인지로
벌써 활짝 핀 수국들

아직 꽃들을 피우지 않은 자귀나무들과
하얀꽃을 피운 다정금나무들이 인사를
노랑선씀바귀 민들레 여러 종류의 풀꽃들

일상에서 풋풋함을 가져보는
새로운 열정을 채울 날들
맑고 맑은 6월에

소소한 것들의 아름다움
끝없이 변화하고 흐르는 지금
꽃진 자리 열매 맺히는 그때까지.

물기 어린 나무

새벽녘 새들의 노랫소리
나무인 줄 아는지
매미 한 마리 방충망에 딱 붙어 있고

도심 한복판인데 자연의 소리
삐리 삐리 뻴리리 째째째짹
누구 목소리가 더 예쁜가

한동안은 시끄럽겠다
지금 밖에 온도는 26도
시간은 4시 57분.

시간의 무게

바람 스쳐 간 풀잎들 끝에
허공이 팽팽하게 긴장한다

오고가는 길과 길 사이로
풀빛 안고 달리면
내 안에 나무 한 그루 들어서네

하늘은 쪽빛을 받치고 있구나
먹구름 비운 자리에.

저녁 빛이 물들기 시작하는
- 김녕바다

파도는 몇 번의 물때를 바꾸어
생생한 기운으로 숨결 씻어버린다

파도소리 장단 맞춰서 크는 나무들
푸르름 한껏 길어 올리고서

가슴에 칡넝쿨 굽이굽이 올라 가
연보라 자줏빛 꽃잎을 피운다

빛나던 날의 광채를 받아
바다로 다시 파도 속으로

다홍빛의 윤슬로 수를 놓고
가슴 속 불 살아오르면

깊은 청잣빛 물 껴안고
외로운 섬 하나 또 키운다.

일다경(一茶頃)

어떤 좋은 거 볼 때마다

당신 모습 그립죠

언제까지나 그보다

더 말은 안 해도

언제 어디서나

문득문득 생각이 나고요

그러면 나도 모르게 눈물방울이….

너를 위해 비워 둔 자리

살랑살랑 바람에

나무가, 잎들이 흔들거린다

밝은 햇빛에 비쳐 바람이 흐른다

눈을 감는다

바람, 풋풋한 내음, 머리카락 날린다.

세화장

한낮의 무료함을 달래주는 소리
시장 입구 징소리 기타소리 노랫소리
닭 울음소리 생각하면 그리운 소리지
들떠있는 관광객들의 소란스러움
순댓국집 앞, 줄 서서 기다리거나
아예 의자에 앉아 기다리는
한 쪽에서는 내리쬐는 햇볕 아래
차양막 치고 땀 뻘뻘 흘리며
오뎅 떡볶이 감자 열심히 볶아
기다리는 손님들 정성껏 대접하는 아저씨
아침부터 오후 두어 시까지 팔고 먹고
바닷바람에 땀 씻으며
짐 챙겨 다음 장으로 떠나는
삶의 열정을 보고 싶을 때
피로감 느낄 때 시장 한 바퀴
주욱 돌아본다면….

헤이리마을 가다가

다홍빛 능소화 꽃잎 하르르
훈풍에 흩날려 강물로 날아가고
산에는 밤꽃들도 살랑살랑 숨을 쉬어

들에는 망초꽃들이
즐거움을 맛본다는 거
그게 다인거지

밭 가장자리로는 접시꽃들과 금계국이
노란 백합 낮달맞이꽃 패랭이꽃
당귀꽃들 서로 안사하듯 흔들흔들

자연의 소리에 귀 기울이면
자기 내면의 통로로 이어진다는 사실
텅 빈 고요 속에서 꿈과 평온함 느껴봐야지

까마귀 서너 마리
양쪽 날개 활짝 펴고
이 동네 저 동네 훨 훨
잘도 날아다니네.

귤나무에 새 생명들이

귤나무에 꽃망울이 맺혔다
이파리를 들여다보니 일층에는 달팽이가
이층에는 칠성무당벌레 애벌레가
구석구석 세들어 살고 있네

저희들도 새 식구 맞이하러
꿈틀대고 흔들리고
나뭇잎들은 부채 부쳐주듯이
바람에 나부끼네

예쁜 나비도 되고
그냥 이름도 모를 벌레도 되어
생을 살다가 갈 수도 있고
힘든 세월 보내

다음 생에는 벌레들뿐 아니라 인간도
버릴 수 없는 자신에게

유리한 허울 좋은 욕심 다 버리고
새로운 생을 살기 바라야지
꽃송이에서 맛있는 굴이 되듯.

5.

하도리 밭담들 사이로
청보리 익어가고
사이와 사이 속에 따듯함을 품고

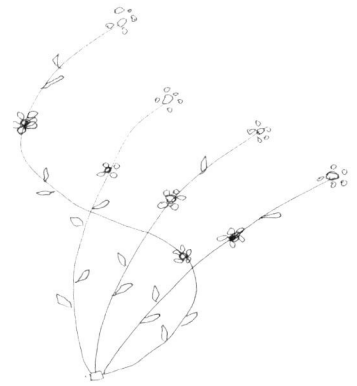

가을 소묘

감나무에 감들은 붉어지고
은행나무의 은행들은
제 냄새를 뽐내며
거리로 곤두박질
한 발자국씩 가을은 떠나간다

청명한 하늘빛과
맑은 공기
그 속에서 듣는 음률
선선한 바람결을
느낄 수 있는 나날들

혜화동 골목길 걸어가면
맛있는 차가 있고
부드럽게 바라봐 주시는 분이 계셔
열심히 쓰고 가고 오고
궂은 날씨에도 빠지지 않고

궁궐들의 담길을 따라
걸어 다녔던
살아가면서 스쳐지나거나
모든 것이 글의 소재라고
꼼꼼하고 차분하게 일러주시던

자연 속에 작게
아름다운 무지개처럼
깃들어 사는
그런 모습이 참 좋은데.

막내에게

막내에게 특별한 일이 생겼어요
예쁜 아기를 가졌답니다
태명은 축복이라고
내가 저를 가졌을 때 나이랑
지금 막내 나이가 똑같아요
늦은 나이긴 해도
예쁘고 훌륭하게 잘 컸잖아요
내 자식이라 그런가요
저도 같은 생각이겠지요

태어날 달이 점점 다가오니까
걱정이 되나봐요
말은 안 해도 행동을 보면
엄마들은 알잖아요
걱정하지 말고 잘 키워서
건강하고 예쁜 아기를 안겨주길
또 네 몸도 건강해야 돼

모든 일을 긍정적으로 생각하고
그래야 아기도 너도 편하니까
지혜와 사랑은 영원하거든

무조건 축하하고 또 축하
예쁜 아기 순산해라
아무 걱정 말고.

담박명지(談拍明支)

마음이 맑고 깨끗해야
뜻을 밝게 펼 수 있어
새벽으로 넘어가는 깊은 밤
용기는 절망에서 생기는 거야
오래도록 잊지는 말아야지
만족스러운 삶을 살기 위해서는
조금 더 신중해야 돼
절망에서 희망을 마주하고 받아들이는 자
모든 것에서 벗어나고 차단하고
아무것도 하기 싫고
그래도 괜찮아
새로운 경험을 내면이나 일정한
범위 안에서 있게 하는 데는
훨씬 오랜 시간이 필요하거든

내면의 소리에 귀 기울여 그것을
실행에 옮기도록 노력하면 돼.

*단막명지: 욕심을 비워야 뜻이 밝아진다.
　　　　　-제갈량이 아들한테 전한 지혜의 좌표.

내면

동정과 믿음은
밀물과 썰물처럼
그렇게 사라지지만
그러나
불꽃은 아직도 타고 있지

이 불꽃은 자꾸 강해지고 있고
내 모든 것을 바칠 거야
별빛 속에서 나를 찾아가야 돼
난 이겨낼 수 있지

내가 바라던 모습으로
이겨낼 거야
아름다움과 슬픔은
내면에서 차고 나오네
눅눅해진 마음 보송한 마음으로

갑자기 뇌리에 스치는 생각
우주 내면은 태양빛을 발하고 있어
빛은 혼자 발하는 것은 없지
받아서 반사하는 거야
잿더미 속 불씨처럼.

마음의 눈이 가는 길

내면의 시원함을 느끼려
눈을 감았는데
황금빛이 빛나기 시작하면서
한두 명이 주위로 오더라

잠깐 사이에 더 많은 이들이
환하게 웃음 지으며
날 따라 오고 있어
계속 계속 그 표정 변하지 않고

몇 초 사이에
빛의 반짝임
마음의 눈이 뻗어 가는 길
귀로는 TV소리가 들리는데.

너의 눈빛 깊은 곳

이른 새벽 내려앉은 바람처럼
마른 입술 적시는 물기인 양
행복의 불사조가 되어 날아올라
햇살 한 자락이 세상 바라보기도 했지

별빛과 함께 춤을
달빛과도 춤추자
높은 하늘 바라보며
너와 함께하고 싶어

너의 눈빛 깊은 곳에
푸른 바람의
보드라움을 느껴보며
빛과 함께 내게 돌아오길.

풍경

아침 해변 산책 길
아주 작은 조개껍데기
잘 보이지 않을 만큼 작은 게가 기어가고
파도에 내쳐진 파래는
춤을 추듯 철썩철썩
빗방울 떨어지고 희부염하게 보이는 지미봉
뒤돌아보니 모래사장의 발자국들
갈 지(之)자 같이 나 있네
한 발짝 한 발짝이 삶이였었겠지
하도리 밭담들 사이로 청보리가 익어가고
하루 종일 멈추지 않는 빗줄기
오늘은 나무에 물 안 줘도 되겠지라는
우스갯소리 재미있고
사이와 사이 속에 따듯함을 품고
보이지도 않을 만큼 작게
손잡아 주며 싱긋 웃어
비 오는 날엔 옛날 카레라이스지
맛있게 먹었다, 빗소리와 함께.

33°, 36°

돌고
돌고
돌아서
한참을 가다
이륙한다는 멘트 뒤
재빠르게 달리기 하듯
가다가
스르륵 올라
하늘로 하늘로
떠 가네
33°
눈부셔
우리 집 배롱꽃 닮은 하얀 구름 하늘
사파이어 블루의 바다
기류에 기우뚱 기우뚱
고비를 지나고

주스 한 잔씩
한참을 가다 착륙 알리고
하늘에서 서서히 내려오며 쿵하고 착지
여기는 36°, 찜질방?

여름이 익어가는

동백나무 잎 사이로 반짝이는 햇살
배롱나무 하얀 꽃
하늘에 하얀 구름
옆집 옥수수 거의 익어가고
무화과나무 성큼성큼 잘 자라고
머루포도 가을에 익으려나
문주란 하얀 꽃 드디어 피어 사방이 환해
고양이 나무그늘에 누워 늘어지게 잠 자고
준하가 수박씨 심어 둔 곳에 수박덩굴 자라
얼마 후면 수박 한 덩이 먹겠네
짙푸른 잎새들 살랑살랑 바람결에 고갯짓
수레국화 꽃잎처럼 푸른 바다 물빛까지
여름이 한창인 때.

하도리 밭담에서

고즈넉하고 평화스럽게
얼기설기 쌓은
직각도 네모도 마름모도 있는
밭담과 밭담 사이
보기만 해도 눈웃음이 절로 나네

검은 색의 흙으로 담을 싼
돌과의 색 조화도 좋고
여기저기 둘러보는데
밭 가장자리에
공작새 한 쌍 흙장난 하고 있나
오순도순 다정스럽네.

해안도로 위에서

어제 간 길
오늘 또 지나간다
되돌아 올 길인데
매일매일 갔다왔다 왔다갔다
어느 날
바닷바람에 휩싸여
거리에 모래가 쌓였다 흩어진다
부는 바람도 쏟아지는 빗발도
언젠가는 스러지듯이
아픔도 슬픔도 그럴 거야.

꽃밭 이야기

하얀 배롱꽃이 흐드러지게 피었어
비가 오면 무게 때문에 땅바닥까지
누워있다가 햇살 비치면 싱싱하게
꽃도 더 하얗고 크게 핀 것 같아

내년에는 빨간 배롱나무를 심어볼까
그러면 흰빛과 빨간빛이 잘 어울릴 거야
꽃밭에는 흰색 빨간색 연보라 아니 연분홍인가
메꽃도 한몫

담 너머 기웃대는 노란 호박꽃도
로즈마리에서 보라꽃이 피면
아 화려한 꽃밭이 되겠구나
내 시선을 빼앗고 마음을 평안하게 해주는
꽃들이 아름답고 사랑스러워.

토란에도 꽃이

토란에도 꽃이 피는지 궁금해서
인터넷 카페에
토란꽃 사진을 넘겨보다가
이런 글들을 보았네

'귀하디 귀한 토란꽃
행운을 가져 가세요, 토란꽃 보며
100년에 한 번 볼까 ~~~ 행운의 토란꽃'

땅의 달걀이라는 토란(土卵)
언제부터인가 토란에 신경이 쓰여졌어
잎이 크고 신경 쓰지 않아도 잘자라

추석에 먹는 토란탕
잎이 커서 비 오는 날 우산으로(아이들)
토란차도 끓여 마시기도

토란꽃이 피면 나라와 집안에 경사가 생긴다고
전해 올 정도로 귀한 꽃이며
추석을 전후한 시기에
가장 청초한 모습을 보인다고 해

토란잎 자라는 게 너무 신기해
스스로 자라서 옆으로 퍼져
살랑살랑 바람 불면 한들한들 춤추다
제자리로 꽃밭 가장자리를 채워주고 있어

비가 오면 잎에 물방울이 또르르.

별들에게

누가 보아주지 않아도
누가 불러주지 않아도
저 광활한 우주 한 켠에는
오늘도 어김없이 별이 반짝이고 있어
그 별은
자기의 할 일을 다 하고 있지
적막한 밤하늘
그 별들의 하나하나로 인해
아름답게 수놓아지고 있구나.

뭉크의 현실과 꿈이 교차하는 몰입형 미디어 아트를

햇빛 쏟아지는 날
뭉크의 인피니티 아트 미디어 아트전
만나러 숲 속으로
깔끔하게 정리된 넓은 전시장

뭉크의 삶과 대표작
새로운 형태의 미디어 아트
설명과 함께 작품이 사방 벽과
천장까지 꽉 채워져
새로움을 보고 있어 신기했네

예술의 혼은 잠들지 않고
육신을 깨우고 감상하면서
숨 가쁘게 살아가는 순간순간에
우리의 생각이 똑같음을 알고
뜨거운 해를 향해 커다랗게 웃었어.

6.

사랑의 울림은
어떤 말도 이미지도 아니다
너의 뛰는 심장소리
생명이 살아있는 소리가 사랑이다

빛 세션 · 1
- 빛의 안내자를 따르라

하얀 토끼가 보이는가
이리저리 도망가는 듯이
잡을 수 없는 빛의 안내자가 보이는가

유심히 잘 따라가 보아라
빛의 안내자가 보여주는 길을 따라가라

새 세상에 들어섰다
빛의 축제가 열리는 삶이 펼쳐진다

보아라
잡으려 말고
따라가며 둘러 보아라

어디서든 그대 하고 싶은 놀이 하며
어디서든 그대 쉬고 싶은 휴식 하며

빛의 안내자를 따라
여유롭지만 놓치지 말도록 하며
적절히 즐기며 더 큰 새 세상을 살아라.

빛 세션 · 2
- 펼쳐진 빛의 동굴에 들라

의식의 세계로 나아가라
그대가 보는 빛의 동굴에 들어
더 없는 지복을 경험하라

그곳만이 온전히 그대를 행복하게 한다
무거운 짐을 털어내고

그대가 본
그대가 느낀
그대를 부르는
빛의 동굴로 들어 곧장 걸어가라

그대가 아는 그것이 실재이다
그대를 실재하게 할 실재에 있으라

온전한 집중 안에서
그대에게 열린 길을 따라
빛의 세계에서 지복을 충분히 누리는 선택을 하라.

빛 세션 · 3
- 신선의 꽃

무에서 유를 창조할 수 없다
하지만
잠든 그대의 가능성은
얼마든지 피어날 수 있다
꽃 피는 향기를 듬뿍 마시어라.

빛 세션 · 4
- 쏟아지는 광명이 닿는 가슴으로

빛의 광명 안에 숨 쉬는 이
힘을 풀고 들어보아라
가슴 열고 받아보아라

새가 노래하는 소리
빛이 흐르는 반짝거림
물결이 바람에 찰랑이고 있다

그대는 모두 듣고 받을 수 있다
그대가 귀를 열고 눈을 뜨고 볼 때

그대에게 새가 날아오고
그대에게 바람이 숨 쉬며

찰랑이는 바닷결 볕이 반짝이며
그대의 마음을 녹인다

활짝 벗고 웃으며
기쁘게 태양을, 빛을 받아라.

빛 세션 · 5
- 우주의 조명

무지개 터널을 따라
우주의 조명을 받아라
온 빛이 그대를 비춘다

그대가 상상할 수 없는 빛으로
하지만 그대가 온전히 느낄 수 있는 느낌으로

눈 감고 숨 쉬며
내면의 눈을 떠라

그대가 본 적도 들은 적도 없는
그대가 상상할 생각조차 못해 본

황금빛 가득한 세계가
그대를 비춘다

온 우주의 조명을 받아 빛나는
소중한 빛이여

그대 빛으로 노래하고 춤추자
그대가 원한 진짜 삶이 여기에 있다.

빛 세션 · 6
- 우주의 지혜

우주의 지혜가 쏟아진다
그대, 지금부터가 진짜 시작이다

그대가 늘 바라왔던 순간이
지금부터 매 순간 올 것이다

그대를 믿으라
그대의 빛을 믿으며
그대를 더 없이 빛나게 하는 전체를 믿으라

그대 혼자가 아니다
우주의 지혜를 흠뻑 받아 마시며

풍요로운 빛을, 반짝이는 눈을
깜박이며 미소하리

말이 필요 없는 순간
그대의 몸과 마음 그리고 의식에
생명이 가득 차오르고 있음을 충분히 받으라.

빛 세션 · 7
- 엄마의 품

빛의 소녀가 뛰노는 푸른 들판
개구지게 웃으며 뛰노는 아이가 있다
하얀 꽃
푸른 들판 그리고 하늘
이리저리 뛰놀던 소녀가 넘어진다
하늘처럼 빛나는 미소로 뛰놀던 아이는
땅이 무서워졌다

상처 난 무릎을 감싸 안고
보살펴줄 엄마를 찾는다
두려움이 생긴 아이는
똑같은 상처를 입지 않기 위해
홀로 강인해 져야한다 믿기 시작하며
뛰지 않게 되었다

얽힌 덩굴을 굳세게 헤치며
가끔씩 노래하는 새소리
흘러가는 구름을 바라보며 숨쉬어 간다

아이야
엄마 여기 있다
엄마는 늘 너의 상처를 호— 하며
불어주고 품어주고 있단다

아이야
때로 넝쿨에 가시가 있어 찔리기도 하지만
아름다운 푸른 들판과 꽃바람이
파도치는 숲의 노래는 엄마가 보내는
사랑의 노래란다

아이야
엄마는 늘 여기 너의 품 가득 있다
아파 울었지만
또 웃게 될 것이다, 우리 아가
사랑한다.

빛 세션 · 8
- 의식의 빛이 스민다

태초의 생명에 의식의 빛이 스민다
검붉은 에너지, 잉태하는 생명의 힘
깊은 생명력이 빛을 타고 온몸으로 스민다
생명의 빛을 타고 스민다
의식의 빛이 태초의 생명에게 소리한다

빛으라, 빛으라, 빛으라
빛이 부르는 소리
생명이 뛰는 소리

삿칫 아난다

핑크빛 입 맞추며
빛의 의식 태초의 기쁨으로 '미소' 하라.

빛 세션 · 9
- 아바타

어두운 동굴에 있다
동굴을 헤매는 영혼

빛이 통하는 채널을 발견한 영혼, 탑승한다

아, 길을 잃었구나!
맞아, 조종간을 잡은 것이 나였었지!

진짜 내가 사는 곳은
푸르른 들판 하늘과 호수가 만나는 신비한 곳이었지

잠깐의 세상을 구경할 아바타를 운전하다
아바타 세상에서 길을 잃고 두려워하고 있었구나

나와 내가 충분히 연결될 시간을 조금 더 기다려보자

급히 올랐더니
보이는 게 무엇인지 '볼' 길을 잃었구나.

빛 세션 · 10
- 사랑한다

사랑한다
사랑한다 아이야
내가 하는 말은 언제나
이 한마디뿐이다
나의 길을 찾기 바란다
나의 길은 사랑이 살아있는
나의 가슴 속에 있다

사랑한다
사랑의 울림은
어떤 말도 이미지도 아니다
너의 뛰는 심장소리
생명이 살아있는 소리가 사랑이다
넌 언제나 사랑으로 살고 있음을 알기 바란다

사랑으로 감싸며
사랑으로 녹아내리는 마음 풀어주며
사랑으로 펼쳐지는
온 세상 안에서.